COLECCIÓN **LEER EN ESPAÑOL**

Asesinato en el Barrio Gótico

Óscar Tosal

español

**Santillana
Universidad
de Salamanca**

La colección LEER EN ESPAÑOL ha sido concebida, creada y diseñada por el Departamento de Idiomas de Santillana Educación, S. L.

El libro *Asesinato en el Barrio Gótico* es una obra original de **Óscar Tosal** para el Nivel 2 de esta colección.

Edición 1994
Coordinación editorial: **Silvia Courtier**
Dirección editorial: **Pilar Peña**

Edición 2008
Dirección y coordinación del proyecto: **Aurora Martín de Santa Olalla**
Actividades: **Lidia Lozano**
Edición: **Aurora Martín de Santa Olalla, Begoña Pego, M.ª Antonia Oliva**

Dirección de arte: **José Crespo**
Proyecto gráfico: **Carrió/Sánchez/Lacasta**
Ilustración: **Jorge Fabián González**
Jefa de proyecto: **Rosa Marín**
Coordinación de ilustración: **Carlos Aguilera**
Jefe de desarrollo de proyecto: **Javier Tejeda**
Desarrollo gráfico: **Rosa Barriga, José Luis García, Raúl de Andrés**
Dirección técnica: **Ángel García**
Coordinación técnica: **Fernando Carmona, Marisa Valbuena**
Confección y montaje: **María Delgado**
Cartografía: **José Luis Gil, Belén Hernández, José Manuel Solano**
Corrección: **Gerardo Z. García, Nuria del Peso, Cristina Durán**
Documentación y selección de fotografías: **Mercedes Barcenilla**
Fotografías: **Archivo Santillana**

© 1994 by Óscar Tosal
© 1994 by Universidad de Salamanca
© 2008 Santillana Educación
Torrelaguna, 60. 28043 Madrid
En coedición con Ediciones de la Universidad de Salamanca
PRINTED IN SPAIN

Impreso en España por Unigraf S.L.

ISBN: 978-84-9713-061-5
CP: 908902
Depósito legal: M-4.205-2009

ADVERTENCIA

La historia *Asesinato en el Barrio Gótico* se desarrolla en Barcelona, capital de Cataluña.

Esta Comunidad Autónoma del nordeste de España es bilingüe y en ella se habla el catalán y el castellano, siendo ambas lenguas oficiales.

Para los nombres de lugares citados en el relato hemos respetado, en general, la grafía catalana. Son los siguientes:

Liceu, Calle **Ample**, **Moll** (Muelle) **de la Fusta**, Plaza **de Sant Jaume**, **Montjuïc**, Calle de la **Mercè**, Calle **Avinyó**, Vía **Laietana**.

Estos nombres van señalados con un asterisco (*) la primera vez que aparecen en el texto.

El protagonista, Martí, también tiene nombre catalán.

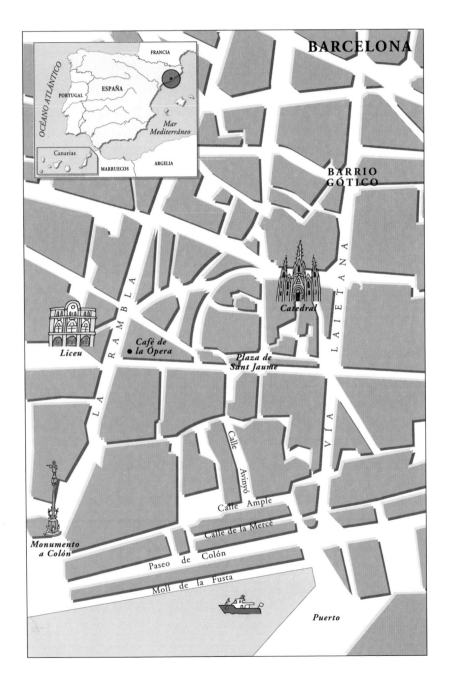

BARCELONA

BARRIO GÓTICO

FRANCIA

OCÉANO ATLÁNTICO

PORTUGAL

ESPAÑA

Mar Mediterráneo

Canarias

MARRUECOS

ARGELIA

Liceu

Café de la Ópera

Catedral

Plaza de Sant Jaume

LA RAMBLA

VÍA LAIETANA

Calle Avinyó

Calle Ample

Calle de la Mercè

Monumento a Colón

Paseo de Colón

Moll de la Fusta

Puerto

I

MARTÍ baja por la Rambla[1]. Anda deprisa. Está siguiendo a una mujer rubia de unos treinta años.

Cuando llegan al lado del metro Liceu[*2] la mujer cruza la calle. Martí saca entonces un encendedor[3] del bolsillo de la chaqueta. Parece estar jugando con él, pero ese encendedor es una pequeña cámara fotográfica[4]. Está sacando fotos de la mujer rubia.

Son las nueve de la mañana y hay poca gente en la Rambla. Unos niños, que van al colegio, pasan cerca de él. La mujer entra en un bar. Es el «Café de la Ópera»[5].

Martí hace algunas fotos más y se guarda el encendedor en el bolsillo.

El día es gris y un poco frío. Antes de cruzar la calle compra un periódico delante del bar. Después él también entra en el «Café de la Ópera».

Hace poco que el bar está abierto. Cerca de la puerta hay algunas mesas, un poco más allá está la barra[6]; después, un estrecho pasillo y al final del pasillo, un sitio más grande con mesas.

Martí se sienta en la barra y abre el periódico. Después mira hacia la mesa que está más cerca de la puerta. La mujer rubia está hablando con un hombre calvo, de unos cincuenta años, que la escucha tranquilamente.

Martí coge muy despacio el encendedor y hace unas fotos. Después, guarda otra vez la cámara y deja el periódico sobre la barra. Llama al camarero y pide un café con leche.

Mientras espera, mira a su alrededor; primero, las paredes con sus bonitos dibujos, y luego, a la mujer y al hombre calvo. Los dos hablan todavía.

Toma su café con leche. Algunas personas salen del bar. Por un momento la luz del sol entra por los cristales de la puerta. Martí mira otra vez hacia la mesa. Luego coge el periódico. Lee la noticia sobre el embargo económico[7] a Irak. Pasa la página y ve otra noticia sobre la guerra del Golfo[8]: ya es seguro; también van a ir allí barcos españoles. Todo el asunto preocupa tanto a Martí que durante un segundo se olvida de lo que estaba haciendo en este bar.

De repente levanta los ojos del periódico. La mujer rubia está ahora sola tomando su café sin prisas. El hombre calvo que hablaba con ella no está. Martí se levanta y mira por todas partes. No lo ve. El hombre ha salido del bar.

La mujer rubia fuma un cigarrillo. Martí pasa a su lado sin mirarla y va hacia el teléfono. Ve su periódico olvidado en la barra, pero no lo coge. Llama.

–Loli, soy yo –dice–. ¿Está el jefe?

La chica, al otro lado del teléfono, parece alegre.

–¿Qué pasa? –pregunta.

–Te llamo desde el «Café de la Ópera». Estoy siguiendo a la mujer del señor Barrios –explica Martí.

–Y por fin –dice ella divertida–, ¿engaña[9] o no engaña a su marido?

–Todavía no lo sé. Oye, ¿está el jefe? Es que quiero saber si ha pensado ya en mis vacaciones.

Martí mira hacia la puerta. La mujer se ha levantado y está saliendo del bar.

–Eh, Loli, déjalo. Tengo que irme, luego llamo otra vez.

–Pero Martí... –dice la chica.

Martí no la escucha. Coge su periódico y sale detrás de la mujer.

II

LA mujer anda despacio por la Rambla hacia el puerto. Hace viento y Martí tiene un poco de frío. La mujer se ha parado. Mira un momento a un lado y a otro, luego empieza otra vez a andar hacia el puerto.

Martí, que la sigue de cerca, también se para. Por un momento, se siente mal, cansado y aburrido de hacer siempre el mismo trabajo. ¿Cuántas veces ha esperado un asunto más interesante, un asesinato, una investigación[10] de verdad? Pero la agencia de detectives[11] «Peláez» nunca se ocupa de esos trabajos. Ahora solo le queda pensar en los días de vacaciones que el jefe le debe.

La mujer rubia, ya lejos, coge la calle de la izquierda, que es la calle Ample*. Martí la sigue hasta otra calle corta y sucia que sale a la derecha. Después la ve andar un poco más y entrar en una oficina. Encima de la puerta hay un pequeño letrero[12] amarillo con el nombre de la empresa: MULTIPLASTIA, PLÁSTICOS[13]. Sí, como su marido les dijo a Peláez y a él, en ese lugar trabaja la mujer.

Martí se para un momento antes de entrar en un bar que hay delante de la oficina. Se sienta cerca de la puerta y pide un café. El bar es pequeño y oscuro. Martí abre el periódico y pasa las páginas. Mira algunas fotos y lee algo más sobre Saddam Hussein. Poco después ve a la mujer rubia salir de la oficina con un hombre moreno, muy delgado y con bigote. Pasan por delante del bar. Martí paga su café y sale.

El hombre y la mujer van hacia el puerto. Una vez allí, suben a una barca[14] de esas que dan paseos por el puerto de Barcelona. Martí los ve hablar con la persona que se ocupa de la barca. Después se sientan en la parte de delante, cerca de un grupo de extranjeros.

Martí también sube y poco después la barca empieza a moverse. Primero va hacia el lado del Moll de la Fusta*, luego, lentamente, vuelve hacia el centro del puerto.

El cielo es gris sobre el mar oscuro.

El hombre del bigote y la mujer están en silencio. Martí los mira, después coge el encendedor del bolsillo de la chaqueta. Lo enciende y apaga varias veces.

La barca llega al final del puerto. A la derecha hay unos muelles[15] tristes y sucios. Detrás está el paseo de la Escollera. El viento es ahora más fuerte y hace frío.

Cuando llegan a uno de los muelles, la barca se para. «¡Qué extraño! –piensa Martí–. ¡Las barcas nunca han tenido una parada aquí!»

–¡Eh! –grita el hombre que conduce la barca–. Tengan cuidado con la escalera. Está rota.

El hombre del bigote y la mujer se han levantado y bajan por la escalera. El muelle está vacío. Martí tiene que quedarse en la barca. Si no, ellos pueden darse cuenta de que los está siguiendo.

Martí mira otra vez hacia el muelle. El hombre y la mujer están allí solos, el viento mueve su pelo. Después los ve andar un poco más. Pero enseguida los pierde, porque están detrás de un barco blanco y verde. Sobre la parte blanca del barco hay unas palabras en árabe[16]. Parecen pintadas hace poco.

Lentamente, la barca vuelve a la ciudad. Desde allí, Barcelona le parece diferente a Martí: el cielo, que cambia rápidamente de color y ahora es un poco más azul; Colón enfrente; el Tibidabo al final; y los edificios del puerto tan cerca del agua.

Martí está un poco preocupado: otra vez ha hecho mal su trabajo. Y ¿qué le va a explicar a su jefe ahora? Pero la verdad es que... no importa. No es la primera vez que le ocurre una cosa así.

III

MARTÍ entra en un bar, cerca del puerto. Va hasta la barra y pide una cerveza.

–¿Tiene teléfono? –pregunta al camarero.

–No, pero hay uno en la plaza –contesta este.

Martí mira su reloj. Es la una y media, y tiene hambre.

–¿Qué hay para comer? –pregunta entonces al camarero.

–Hoy solo bocadillos de tortilla y de queso.

–Póngame uno de tortilla. Me lo trae a la mesa, por favor –dice Martí mientras se sienta al lado de la ventana.

Desde allí ve pasar a la gente que va hacia el puerto. Martí bebe su cerveza y mira sin ganas la televisión.

El camarero le lleva por fin el bocadillo.

La tortilla no está muy buena. Pero tiene tanta hambre que le da igual.

–¡*Noticias de última hora...!* –le parece oír entonces.

–¡Eh, mirad la televisión! –grita un cliente–. ¡Es la Plaza de Sant Jaume*! ¡Ha pasado algo!

–¡Callaos! –dice el camarero–, así no podemos oír nada.

–... *hace una hora* –está contando el locutor[17]–, *la policía encontró a un hombre muerto en una calle cerca de la Plaza de Sant Jaume de Barcelona...*

Ahora Martí mira interesado. Ve a la policía alrededor de un hombre que está caído en el suelo. Martí casi da un grito; él conoce a ese hombre, lo ha visto antes.

«¡Es el hombre de esta mañana! –piensa–. ¡El hombre que estaba hablando con la mujer del señor Barrios!»

–*... el nombre del muerto es Nicanor Sánchez Aguado, de cincuenta y dos años de edad, nacido en Barcelona* –explican en la televisión.

Martí se levanta para ver y oír mejor, pero el locutor está ya terminando:

–*... y eso es todo por ahora desde la Plaza de Sant Jaume en Barcelona. A las tres, más noticias.*

Martí paga al camarero y sale.

* * *

Unos minutos más tarde, Martí habla por teléfono con la secretaria de la agencia.

–¿Dónde estabas? –pregunta esta.

–No puedo contártelo ahora. Por favor, ponme con Peláez.

Martí espera un momento y por fin oye a su jefe:

–Hola, Martí. Quería hablar contigo. No te preocupes más por la mujer del señor Barrios. Se acabó este trabajo.

–¿Qué?

–El señor Barrios me ha llamado. Quiere parar la investigación. En fin, ya sabes, la historia de siempre: la mujer es quince años más joven y él tiene miedo de perderla. Ahora está más tranquilo... Dice que se ha equivocado...

–Pues yo no estoy tan seguro –contesta Martí–. Hace unas horas la he seguido hasta el puerto. Iba con un hombre y parecían conocerse muy bien. Han cogido una barca y después se han quedado en un muelle, los dos solos.

Martí casi da un grito; él conoce a ese hombre, lo ha visto antes.
«¡Es el hombre de esta mañana! –piensa–. ¡El hombre que estaba hablando con la mujer del señor Barrios!»

–Es posible, pero eso ya no nos importa, Martí.

–Pero... es que hay algo más. Esta mañana, temprano, seguí a esa mujer hasta el «Café de la Ópera», como usted me dijo. Allí se encontró con un primer hombre. Y ahora, mientras estaba comiendo, he visto a ese mismo hombre en la televisión: es el muerto de la Plaza de Sant Jaume.

–¿Estás seguro de que es el mismo?

–Sí, y además tengo fotos.

–Es horrible, pero nosotros no podemos hacer nada, Martí. Este trabajo ya ha acabado, como te dije antes. El muerto es asunto de la policía. ¿Me entiendes?

–No, señor Peláez.

–Pues tienes que entender. Oye, tengo trabajo. Te dejo. Pónmelo todo por escrito y pasa por aquí esta tarde.

Martí mira hacia Colón y el puerto. El cielo, sobre la montaña de Montjuïc*, es ahora blanco.

Pero ¿cómo puede su jefe olvidarse de este asunto tan fácilmente? –se pregunta–. No lo entiende. Él no puede quedarse así, sin hacer nada más. Tiene que hacer algo para saber quién mató a ese hombre, a Nicanor Sánchez.

IV

MARTÍ decide volver a la oficina del puerto. Quizás el amigo de la señora de Barrios, ese hombre delgado y con bigote, trabaja allí con ella. Seguro que todavía no han vuelto, pero en esa oficina puede encontrar información interesante. No sabe qué va a hacer. Tampoco sabe qué está buscando; pero no puede dejar así la investigación.

Cuando entra en la oficina, se encuentra en una pequeña habitación. A la izquierda una chica está sentada escribiendo. Es la secretaria.

–¿Sí? –pregunta la chica.

Es delgada y tiene el pelo largo. Sus ojos son oscuros.

–Buenos días. Mmm... me gustaría hablar con la señora de Barrios.

–¿Margarita? Pues ahora no está. Ella trabaja solo por la mañana. Por la tarde estoy yo. Si puedo ayudarlo en algo...

–No sé, creo que no. No es nada importante... Es que hace unos días estuve con ella... y teníamos que hablar de un asunto.

–Pues lo siento. Hasta mañana no vuelve.

Martí piensa entonces en el amigo de la señora de Barrios.

–Y el señor Pérez, ¿está? –pregunta entonces–. También estuve hablando con él, ¿sabe?

–¿Pérez? No, aquí no trabaja ningún Pérez.

–Es un señor moreno, de unos cuarenta años, que lleva bigote.

–¡Ah!, el señor González.

–Sí, González. Es verdad.

–¿Cómo se llama usted?

–Soy Ricardo Álvarez, de «Plastifilm»...

–«¿Plastifil?»

–«Plastifilm», con «m» al final.

–Un momento, por favor.

La secretaria coge el teléfono.

–¿Señor González? El señor Álvarez, de «Plastifilm», quiere verlo.

Martí está un poco nervioso. Este señor González no puede ser el hombre que está buscando.

–Pase al final del pasillo –le dice la secretaria.

–Muchas gracias –contesta Martí.

* * *

Hay muy poca luz en el pasillo. La puerta del final está abierta.

–Buenos días. ¿El señor González?

–Soy yo.

Detrás de una mesa llena de papeles hay un hombre gordo con bigote y gafas, de mirada cansada, que fuma. No es el hombre que busca. Pero le parece que lo ha visto antes.

–Creo que me he equivocado –dice Martí, después de un silencio–. Busco a otro señor. Pero no me acuerdo de su nombre.

–¿Trabaja aquí ese señor? –pregunta el hombre.

–Eso me dijo. Hablé con él hace poco sobre un asunto de plásticos –contesta Martí, que cada vez siente más miedo.

–¿De qué empresa ha dicho que es usted?

–De «Plastifilm».

–No conozco esa empresa –dice el señor González–. Mire, tengo mucho trabajo. Además, no sé de quién me está hablando. Entonces, si no puedo hacer nada por usted...

–Ya, ya entiendo. Bueno, me voy. Lo siento.

Cuando sale, la secretaria le pregunta:

–¿Era él?

–No, me he equivocado de hombre. Pero no se preocupe. Luego llamo a Margarita.

La chica sonríe. Martí también sonríe. No ha sacado ninguna información. Pero no sabe por qué, ahora se siente mejor.

–¿A qué hora salen ustedes? –pregunta por último Martí.

–A las siete.

–Muy bien, adiós y gracias.

V

Hace unos minutos que Martí se ha ido. Mientras enciende otro cigarrillo, el señor González coge el teléfono.

–Buenos días, señor Quintana –dice.

–¿Qué quieres? –contesta el otro.

–Lo llamo porque nos ha ocurrido una cosa un poco extraña en la oficina... Ha venido un joven, dice que se llama Álvarez, de «Plastifil» o «Plastifilm»...

–Es la primera vez que oigo ese nombre.

–Yo tampoco he oído hablar de esa empresa y...

–¿Y qué?

–Quería hablar con alguien llamado Pérez. Pero ya sabe, aquí no hay ningún Pérez.

–¡Qué raro!

–Pues sí. Además, Clara me ha dicho que también quería ver a Margarita.

–Entonces, llámala enseguida para ver si sabe algo.

–Sí, claro, ahora mismo llamo a su casa.

–¿Puede ser un amigo de Nicanor?

–No lo sé, señor Quintana.

–Pues tienes que saberlo. Yo no quiero más problemas. ¿Me entiendes?

–Claro.

–Y García y Margarita, ¿han hecho su trabajo?

–Sí, sí... los dos han ido al puerto después.

–Bueno, ocúpate tú de todo. Ya sabes: me gustan las cosas bien hechas.

–Sí, claro. No se preocupe. Adiós, señor Quintana, adiós.

El señor González se queda un minuto en silencio, con el cigarrillo en la mano. Luego coge otra vez el teléfono.

–Clara –dice–, quiero hablar con Margarita...

VI

MARTÍ llega a su casa. Entra en una habitación oscura con el encendedor y lo prepara todo para revelar[18] las fotos.

Mientras espera, se toma una cerveza bien fría en el salón. Luego, vuelve a la habitación oscura y enseguida sale con las fotos.

En la primera ve a la mujer del señor Barrios delante del «Café de la Ópera». Después, mira las otras deprisa para encontrar las fotos de Nicanor. Aquí están... los dos hablan tranquilamente en el café... Es él, seguro: la misma cara que ha visto en la televisión, la misma cara del muerto.

Después, Martí empieza otra vez a mirar las fotos desde el principio, despacio. De repente, se para en una de ellas. La mujer ya ha entrado en el bar y por la calle pasa un hombre... un hombre gordo.

–¡Es él! –grita Martí–. ¡Es él! ¡El señor González! ¡Ya decía yo que conocía su cara! Pero no puede ser. Cuando hice esta foto no lo vi; no me di cuenta de que pasaba por allí. Fue en otro lugar... en otro sitio. Pero ¿dónde?, ¿dónde lo he visto? –Martí piensa durante un minuto y de repente se acuerda–. ¡Ya está! ¡Fue esta mañana, en el periódico! ¡Sí! ¡Eso es!

Martí coge el periódico que está encima de la mesa. Pasa las páginas deprisa. Busca hasta encontrar una foto hecha en el aeropuerto de Barcelona. Lee debajo: *Llega a Barcelona el famoso médico israelí Isaac Jordan.*

Hay algunas personas al lado de Isaac Jordan. Y detrás de él..., otra vez González. Lleva gafas oscuras, pero es él. Está seguro. Martí no puede creerlo. Por fin tiene un asunto interesante de verdad.

Coge el teléfono.

–¿Podría hablar con el inspector[19] Arquerons, por favor? –pregunta–. ¿No está? ¿Puede decirle que ha llamado Martí? Gracias.

Después, Martí guarda las fotos en el bolsillo y sale.

VII

Martí espera cerca de la oficina de «Multiplastia». Ha decidido hablar con la secretaria. Son las siete menos cinco de la tarde y ya queda poco para su hora de salida.

Sí, ya la ve salir. Martí va hacia ella para saludarla y la joven se para.

–¡Ah, hola! –dice–. ¿Ya ha hablado con Margarita?

–No, todavía no.

–¿Y con el señor Pérez?

–No, tampoco –contesta Martí–. Pero tengo una foto.

Martí saca de un bolsillo de su chaqueta la foto hecha en el puerto. La chica mira.

–¿Lo conoce?

–No es una foto muy buena. No, no conozco a este señor.

–¿No trabaja en su oficina? –pregunta Martí.

–No. Nunca lo he visto. No sé. Puede ser un amigo de Margarita –dice la chica mientras mira la foto otra vez.

Martí no sabe qué pensar. La secretaria puede estar diciendo la verdad, pero, desde luego, él ha visto salir de allí a ese hombre con la mujer del señor Barrios.

–Bueno, no importa –dice–. Oiga, señorita... usted... tú... ¿quieres cenar conmigo?

—Lo siento. No puedo —la secretaria lo mira un momento—. He quedado con una amiga... Tengo que irme. Adiós.

* * *

La chica va hacia la calle de la Mercè*. Martí la sigue. Están llegando a la plaza. Ella cruza y entra en una iglesia.

Martí anda por allí un poco y por fin se decide a entrar. Dentro está oscuro. Mira a su alrededor. Ve a la chica sentada en un banco del final. En ese momento entra un hombre en la iglesia. Cuando llega al banco de la chica, se sienta él también. Los dos hablan. Pero, enseguida, el hombre se levanta y sale de la iglesia. Después, la secretaria lo sigue.

Una vez fuera, Martí ve al hombre lejos andar por la calle de la Mercè. Mientras, la secretaria pasea por el jardín que hay cerca del edificio. De repente, la chica se para delante de unas palabras que están escritas en la pared de la iglesia. Después de unos minutos, Martí cree verla sonreír.

Entonces la secretaria deja el jardín y va hacia la calle Avinyó*. Martí la sigue hasta un portal. La ve sacar unas llaves del bolso y entrar en el portal. Martí vuelve a la iglesia: quiere saber por qué se ha reído la chica en el jardín.

Es una frase en latín[20]: *Videte. Non Fecit Taliter Omni Nationi —Ps. 147.*

Martí la escribe en un papel y también el número del portal de la calle Avinyó.

VIII

Martí y el inspector Arquerons están de pie en el pasillo de la comisaría[21] de Vía Laietana*.

−¡Hola, Martí! −saluda el inspector−. ¿Has llamado antes, verdad?

−Sí. Tienes que ayudarme.

−Dime. ¿Qué te pasa?

−Esta mañana he estado siguiendo a una mujer −empieza a explicar Martí.

−¿Otra mujer que engaña a su pobre marido?

−Eso pensaba yo. Pero ahora me parece que hay mucho más que eso. Te lo voy a explicar... A primera hora de la mañana la señora ha ido al «Café de la Ópera». Allí ha estado hablando con un hombre. Después, cada uno se ha ido por su lado, pero él solo ha podido llegar al Barrio Gótico: alguien lo ha asesinado en una calle que está cerca de la Plaza de Sant Jaume.

−¿Asesinado?

−Sí.

−Ven a mi despacho[22].

Una vez en el despacho, los dos hombres se sientan uno enfrente de otro.

−Y además −explica Martí−, sé quién es ese hombre. Bueno, creo saberlo. Lo vi por la televisión...

—¡Nicanor Sánchez! Un policía de esta comisaría lo encontró muerto esta mañana, sí.

—Entonces puedes ayudarme, Arquerons. ¿Vas a hacerlo?

—Todavía no sabemos demasiado. Espera un momento, voy a llamar a Vanesa. Ella se ocupa del asunto.

Luego coge el teléfono y dice:

—¿Vanesa? Oye, ¿no te importa venir un momento a mi despacho? Te quiero presentar a una persona muy interesante.

—Es una amiga —explica después Arquerons a Martí—. Bueno, ahora cuéntame todo lo que sabes sobre vuestro cliente y su mujer.

—Pues..., la verdad es que no hay mucho que decir. Hace algunos días un hombre, el señor Barrios, fue a hablar con mi jefe: teníamos que seguir a su mujer. Quería saber adónde iba, a quién veía, etc. Él pensaba que lo engañaba con otro hombre. La mujer trabaja como secretaria en una empresa de plásticos; y su marido creía que allí tenía demasiados amigos... Y empecé a seguirla, hasta esta mañana.

—Y tu jefe, ¿qué dice de todo este asunto?

—Para él ya se ha terminado todo. El señor Barrios quiere parar la investigación y ya ha pagado el trabajo.

—Y entonces, ¿qué quieres tú?

—Quiero saber si esa mujer está relacionada[23] con la muerte de Nicanor Sánchez...

—¿Por qué? ¿Conocías a ese hombre?

—No, claro. Pero... no me gusta dejar las cosas sin terminar.

Arquerons mira a su amigo.

—Entiendo. Piensas que has encontrado un asunto importante, ¿no? Por fin una investigación de verdad...

—Es posible.

—¿Algo más? —pregunta Arquerons.

—Sí, escucha. Después de salir del «Café de la Ópera», he seguido a aquella mujer a su oficina. Desde allí se fue luego al puerto con otro señor. Pero los perdí en un muelle. Entonces, volví a la oficina. No saqué mucha información, pero me pasó algo extraño. Mira –Martí saca el periódico y lo pone encima de la mesa–: ¿ves esa foto?

–Sí.

–¿Y a ese hombre?

–¿Quién? ¿El médico israelí?

–No, este que está al final.

–Sí. ¿Y...?

–Pues este hombre estaba en la oficina. Hablé con él. Se llama González. Pero hay más. Coge esta foto. La he hecho esta mañana cuando seguía a la señora de Barrios. Mira: aquí es dentro del «Café de la Ópera»; la mujer y Nicanor hablan tranquilamente. Ahora mira esta otra foto: por la calle pasa alguien...

–¿El hombre gordo?

–Sí. ¡El mismo hombre otra vez!

En ese momento, alguien llama a la puerta y entra sin esperar respuesta. Es Vanesa, una chica rubia de cara agradable.

–Gracias por venir, Vanesa –saluda Arquerons–. Te presento a un amigo mío: Martí. Está investigando sobre una mujer que estuvo con Nicanor Sánchez esta mañana.

–¿Sí? Esto me interesa. Todavía no sabemos mucho sobre ese hombre. Solo que trabajaba con empresas árabes, en la industria[24] del plástico; y que viajaba mucho.

–Y sobre el asesino, ¿sabéis algo ya? –pregunta Martí.

–Nada. Pero un policía ha encontrado su cartera en un portal..., sin el dinero.

–Si lo mataron para robarle el dinero, se acabó tu investigación, Martí –dice Arquerons.

–Hay algo más detrás de todo esto –contesta Martí–. Estoy seguro.

—Mira estas fotos, Vanesa. ¿Tenemos algo sobre estos dos hombres? —pregunta Arquerons.

—No sé. Voy a buscar. Pero me parece que voy a tardar un poco. Luego me lo explicáis todo, ¿eh?

La chica sale con las fotos en la mano. Mientras, Arquerons se levanta para despedir a su amigo.

—Bueno, Martí, te llamo por teléfono esta noche. Ahora tengo que salir.

—Vale, muchas gracias —dice Martí.

IX

MARTÍ vuelve a casa. Tiene que escribir toda la historia de la señora de Barrios para la agencia, pero no tiene ganas. Está cansado. Y ahora empieza a tener dudas: el asesino de Nicanor Sánchez puede ser solo un ladrón... y esa Margarita, una pobre mujer. Y además, ¿por qué meterse en problemas? A él, ¿qué le importa Nicanor Sánchez?

Decide llamar a su jefe.

–¿Peláez? Ha salido –contesta Loli–. Pásate por aquí mañana. Creo que por ahora no vas a tener vacaciones. Te espera otro bonito trabajo: seguir a la mujer de un hombre que viaja mucho...

–¡Otro marido con problemas no, por favor...!

–Bueno, no te enfades conmigo, hombre...

–Perdona, Loli. Es que estoy aburrido –dice Martí–. ¿Por qué no vamos a tomar una copa?

–Lo siento, pero voy a salir con mi novio.

–Está bien, entonces vamos otro día. Hasta pronto, Loli.

Después de hablar por teléfono, Martí abre una cerveza y va a sentarse en su sillón preferido. Una y otra vez piensa en todo lo que le ha ocurrido ese día: la Rambla, la oficina, el puerto, la secretaria... Le gusta esa chica. Es muy guapa. Pero no siempre dice la verdad. Le ha dicho una mentira por lo menos, quizás dos: primero, que no conocía al hombre del bigote, y él lo ha visto salir de la oficina;

después, que iba a comer con una amiga y se ha metido en una iglesia. ¡La iglesia de la frase en latín! Esa frase..., no se acordaba de ella. Saca el papel de su bolsillo y lee. No entiende nada. Claro, hace tanto tiempo que ha dejado el colegio. Pero por allí tiene todavía un viejo diccionario. Busca cada palabra y por fin traduce: *No lo ha hecho de esta manera con ningún otro pueblo...* «¿Qué pueblo puede ser? –piensa Martí–. A ver, *Ps.147*: son salmos[25]. Los salmos hablan de Israel. ¡Israel! ¡Israel otra vez! ¡González en el aeropuerto con un médico de Israel! Nicanor trabajaba con los árabes. Israel, los árabes...» Toda la vida sin acordarse de ellos y ahora Martí los ve por todas partes.

Arquerons dijo que iba a llamarlo; pero Martí no puede esperar. Decide ver otra vez a la secretaria de la oficina del puerto. Esa chica le gusta mucho; sus ojos oscuros, su boca... Saca del bolsillo la dirección de la calle Avinyó y mira en la guía de teléfonos[26]. Hay cuatro números para aquella casa. Llama al primero: no contesta nadie. En el segundo, tampoco. Pero a la tercera llamada, tiene suerte:

–¿Diga? –dice la secretaria.

–¡Hola! –contesta Martí–. Esta mañana he hablado contigo. Buscaba a Margarita, ¿te acuerdas?

Después de unos segundos la chica responde:

–¡Ah, sí! ¿Todavía no has hablado con ella?

–No, todavía no. Pero no importa. Te llamo porque... ¿Quieres tomar una cerveza conmigo?

–¿Una cerveza? ¿Ahora?

–O después, si prefieres...

* * *

La chica se ha quedado callada. Está en un salón con una mesa en el centro y bastantes muebles. Delante de ella, el señor González está sentado en un sillón al lado de la ventana. La chica lo mira. Él mueve la cabeza para decir que sí.

–Bueno, vale –contesta Clara por fin a Martí.

Cuando deja el teléfono, la chica está de mal humor.

–¿Otra vez el detective de esta mañana? –dice González.

–Sí –contesta ella.

–Tranquila, mujer. ¿Por qué te enfadas? Es un chico guapo, ¿no? –González empieza a reír–. Y, además, nos vas a hacer un favor. Ven, tengo una idea: intenta saber qué quiere. Margarita dice que su marido ha llamado a la agencia para parar el asunto. Pero me parece que ese detective no quiere dejarnos tranquilos. Este asunto nos va a traer problemas. Primero un traidor[27] y ahora esto...

–¿De qué traidor hablas? ¿De Nicanor Sánchez?

–¡Ja, ja, ja...! –González ríe sin contestar.

–Pues yo no me río. Estoy cansada de hacer estas cosas –dice Clara después de un silencio.

–¿Qué te pasa, Clara? ¿Qué ha cambiado?

–¡Nada, nada!

La chica prefiere callarse. Se acuerda de cuando empezó a trabajar para Quintana y los otros. Su padre estaba ya muerto... su padre, que luchó[28] toda su vida por esas ideas. Ella quería hacer lo mismo, pero ahora...

González enciende un cigarrillo. Mira a la chica, que va hacia su habitación. Está preocupado.

–Bueno, ¿nos vamos? –pregunta Clara cuando vuelve al salón con el abrigo puesto.

González se levanta del sillón.

–Oye –le dice a la chica–, ¿ese detective te siguió hasta la iglesia?

–Pues no, creo que no.

–Mejor.

Los dos salen de la casa y bajan las escaleras.

—¿Otra vez el detective de esta mañana? —dice González.
—Sí —contesta ella.
—Tranquila, mujer. ¿Por qué te enfadas? Es un chico guapo, ¿no?

–¿Sabes dónde puede estar ahora García? –pregunta González a Clara en el portal.

–No sé, quizás en el bar de siempre. ¿Por qué?

–Es que quiero hablar con él.

–¿De ese detective?

–Es posible.

–¿Qué vais a hacerle? –pregunta Clara.

–Nada, mujer, nada... Pero ¡cómo estás! Yo no sé qué te pasa estas últimas semanas. Bueno, adiós, y ¡tranquila! –se despide González mientras cruza la calle.

X

CUANDO Clara entra en el bar «El Raval», Martí está sentado con una cerveza en la mano.

–¡Hola! –dice la chica.

–¡Hola! –contesta Martí.

–¿Hace mucho que esperas?

–No, unos diez minutos. ¿Te gusta este bar? Si no te gusta, podemos ir a otro lugar más tranquilo.

–No, está bien. ¿Tú vienes mucho por aquí? –pregunta Clara mientras se sienta.

–Sí, a veces. ¿Qué vas a tomar?

–Una cerveza, como tú.

Clara deja el abrigo y el bolso en una silla a su lado. Martí pide una cerveza al camarero antes de preguntar a la chica con una sonrisa:

–Oye, todavía no sé cómo te llamas.

–Clara.

–Yo me llamo Martí.

–¿Martí?

–Sí, ¿por qué?

–Pensaba que te llamabas Ricardo...

–¿Ricardo?, ¡ah, es verdad! Esta mañana...

–Espera un momento –dice Clara sin dejarlo terminar–. ¿Me has llamado por tu señor Pérez o por mí? Y además, ¿cómo supiste mi número de teléfono?

–Te gustan las cosas claras, ¿verdad? Pues escucha: esta tarde te he seguido hasta tu casa, después de hablar contigo. Por eso he encontrado tu número de teléfono, en la guía, claro. En aquel momento me interesaba ese hombre. Ahora me interesas tú. Eres...

–¡Shhhh!, no digas nada. ¿De verdad trabajas en «Plastifilm»? Si no te llamas Ricardo... ¿Eres policía?

–Y tú, ¿qué sabes del hombre del bigote? ¿Solamente eres una secretaria?

–¿Eres policía o no?

–No –contesta Martí.

–Solo vendes plástico, ¿verdad?

–Trabajo para una agencia de detectives. Tenía que seguir a tu compañera Margarita y sin querer he visto algo... Pero ahora no quiero hablar de eso. ¿Quieres otra cerveza?

–Todavía no.

–Yo voy a pedir otra.

XI

Vanesa entra con unos papeles en la mano en el despacho de Arquerons.

—¿Cómo va tu investigación? —pregunta este a la joven.

—Es un asunto muy difícil, ¿sabes? Me parece que el jefe nos lo va a quitar muy pronto. Es demasiado importante. Creo que detrás hay algo de política internacional.

—Entonces Martí...

—Sí —contesta Vanesa sin dejar terminar a Arquerons—. Tu amigo tiene que olvidarse de todo sin perder tiempo. Es un asunto peligroso.

—Entendido, voy a avisarlo.

—Mira —explica la chica mientras le enseña los papeles—, aquí está lo que he encontrado sobre los hombres de las fotos. De Nicanor Sánchez te puedo decir que trabajaba en una empresa árabe. Por eso lo llamaban *el Jeque.* Luego están los otros... Este gordo que pasea por la calle se llama González. Como dijo tu amigo, trabaja en la misma empresa de plásticos que esa mujer rubia. Pero creo que detrás de esa empresa esconden otros asuntos menos claros.

—¿Y el hombre que va con ella en la barca? —pregunta Arquerons.

—Ese se llama García.

—¿Y quién es?

—Aquí hay alguien que puede explicarnos algo sobre él y sobre González. Un viejo conocido de esta comisaría...

Un joven muy delgado, con chaqueta negra y pantalones sucios, entra en el despacho.

–¡Hombre, *el Pelao*! –dice Arquerons cuando lo ve–. Siéntate. ¿Qué tienes que contarnos?

–Yo no sé nada, pero ese González, ese González…

–¿Qué sabes de él?

–Hay un García que se ve mucho con él. Yo no quiero decir nada, pero, esta tarde, los dos se han encontrado en un bar. Yo estaba cerca y he oído algo…

–Tú siempre oyes cosas interesantes, *Pelao* –dice Arquerons–. Bueno, ¿qué ocurre?

Entonces *el Pelao* se pasa el dedo[29] por el cuello[30]: sin palabras, está diciendo que alguien va a morir.

–¿Quién…? –pregunta Arquerons.

–Yo no sé nada… Oye, inspector –dice *el Pelao*–, acuérdate de mí. Esa es una buena información…

–Vale, vale. Vete ya. Gracias, y hasta pronto.

Cuando Vanesa y *el Pelao* salen, Arquerons llama a Martí por teléfono. Pero no está y el inspector tiene que hablar con el contestador automático[31]. Luego, mira el reloj: solo son las once y le espera una larga noche de trabajo en la comisaría.

XII

En el bar «El Raval» Martí y Clara hablan tranquilamente. Desde lejos, parecen viejos amigos. Martí hace muchas preguntas.

–¿Y qué haces cuando no trabajas? –le pregunta.

–Me gusta leer, pasear...

–¿Pasear?

–Sí, andar por el puerto, visitar iglesias...

–¿La iglesia de la Mercè, por ejemplo?

–Sí, también.

Clara mira seria a Martí.

–¿Para qué? ¿Para encontrarte allí con los amigos?

–¿Y por qué no? Es un buen sitio para hablar. Y no hagas tantas preguntas, ¿vale?

–Está bien.

Clara sabe que ya ha dicho demasiado. Debe parar porque todavía no está segura... Sí, está pensando en dejar la Organización[32], pero no va a ser fácil. ¿Puede irse, dejarlo todo así? Y González y García, ¿van a dejarla marchar?

Martí quiere saber más y rompe el silencio:

–Yo también paseo por las calles de Barcelona –dice–. Es por mi trabajo y porque estoy solo. Mira, Clara, en el periódico de esta mañana, hay una foto de tu jefe en el aeropuerto de Barcelona, al lado de un famoso médico de Israel. Además, sé que estuvo esta mañana cerca del «Café de la Ópera». ¿Qué hace este hombre? ¿Qué sabes tú?

–Te he dicho que hacías demasiadas preguntas.

–¿Sabes lo que pienso? Pienso que él está relacionado con Nicanor Sánchez y con Israel... o con los árabes...

–Y conmigo –Clara lo mira a los ojos–, ¿verdad?

–No lo sé. Tampoco sé para quién trabajaba Nicanor Sánchez. ¿Era un espía[33]?

–Es posible.

–¿Sabes? Estoy cansado de seguir siempre a mujeres o maridos engañados. Siempre he querido ser un detective de verdad. Y creí que esta era mi gran ocasión.

–Ya. Me parece que ves demasiadas películas.

–Quizás.

Martí bebe un poco de su cerveza. Mientras, cierra un momento los ojos. Cuando los abre parece que despierta de un sueño.

–No te preocupes –dice entonces–, ahora todo ha terminado para mí. Mi jefe ya me ha dado otro trabajo. Estoy cansado, ¿sabes? Pero... estoy muy bien contigo aquí.

Martí mira el pelo largo y los ojos oscuros de Clara. Ella sonríe.

–Yo también estoy cansada –dice muy seria.

–¿Por qué?

–No importa.

–Sí que importa. Dímelo.

–Me he equivocado. No me gusta mi vida y no sé con quién estoy...

–Clara...

–Muchas cosas no son como pensaba..., pero eso no importa. No va a ser por mucho tiempo.

Martí la mira.

–¿Has visto alguna vez el puerto de noche desde una terraza del Paseo de Colón? –pregunta ella de repente.

–No. Nunca.

–¿Quieres verlo?

–Sí, ¡qué idea más buena! Pero explícame: antes casi llorabas y ahora te veo tan alegre...

Clara no contesta, solo ríe. Por fin, después de tantos meses de dudas, se ha decidido. Empezar desde el principio en otro lugar, lejos de la Organización... Pero Martí le gusta mucho y, antes de dejar la ciudad, quiere hacer algo por él.

XIII

CUANDO los dos jóvenes salen del bar «El Raval», está lloviendo. Bajan por la Rambla en silencio. Los coches pasan a su lado.

En la calle Ample, Clara se para delante de un portal y saca unas llaves del bolso.

—Es aquí —dice.

Martí coge a la chica del brazo y le da un beso. Después, se miran un momento, sin hablar.

—Vamos —dice ella.

Entran en el portal.

—¿Dónde estamos? —pregunta Martí mientras Clara abre una puerta.

—Es un almacén[34] de la empresa. Pasa.

Los dos entran en una pequeña habitación. Hay unas escaleras que bajan al almacén.

—Oye, voy al cuarto de baño —dice Clara—. ¿Me esperas un momento?

Martí la ve andar por un pasillo hasta entrar en otra habitación. Después de unos minutos, cansado ya de esperar, mira por las escaleras y se decide a bajar. En el almacén hay cajas[35] muy grandes. Una de ellas está abierta.

—¡Qué raro! —dice Martí.

—¿Qué pasa? —pregunta Clara, que ha bajado a buscarlo.

—Mira. Dentro de esta caja hay trozos de plástico.

—Sí, ¿y qué?

—Mira, aquí hay un dibujo: ¡son tanques[36]!

—¿Tanques?

—Sí, de plástico. Tan grandes como los tanques de verdad, pero de plástico. ¿Tú sabías que guardaban esto aquí?

—Pues no sé. Aquí siempre hay muchas cosas... Deja eso, vamos. Quiero enseñarte algo más bonito —dice Clara mientras coge de la mano a Martí.

No llueve, pero sobre la terraza el cielo está oscuro. Desde allí ven el puerto con las luces de los barcos y Montjuïc detrás, a la derecha.

—Mira, Martí —dice la chica—. ¡Barcelona de noche es preciosa!

—Desde aquí no parece Barcelona, sin el ruido de los coches, sin las prisas...

—Me gusta el mar... —dice Clara—. Algunas noches, cuando no puedo dormir, voy al puerto a mirar los barcos y oír el ruido del agua.

—¿Y no tienes miedo de ir al puerto sola y de noche?

—No... Me gusta estar sola.

—Pues si quieres, me voy...

—No seas tonto. Hoy quiero estar aquí, contigo, y no pensar en nada.

Se dan un beso. Martí se siente feliz. Él tampoco quiere pensar en nada. Solo vivir esa noche con Clara. Están allí, los dos juntos, y eso es lo único que importa.

* * *

Cuando llega la hora de despedirse, en la calle Avinyó, delante de la casa de Clara, esta no deja hablar a Martí:

–Clara –empieza él–, yo te...

–No, Martí, no digas nada. Quién sabe si nos vamos a ver otra vez...

–Pero ¿por qué dices eso?

Clara le contesta con un beso, y abre el portal.

–Adiós –dice por fin–, y acuérdate de todo lo que ha pasado esta noche...

XIV

Martí llega a su casa. Se sienta en su sillón preferido y, sin darse cuenta, empieza a pensar en Clara. ¿Por qué le ha dicho: «Quién sabe si nos vamos a ver otra vez»? Ahora que él ha empezado a quererla...

La cabeza le da vueltas. Ha bebido mucha cerveza y tiene sueño. Se levanta para ir a su habitación. Pero cuando pasa delante del contestador, ve que hay una llamada. Es de Arquerons: *Martí, olvídate de quién mató a Nicanor Sánchez. Tú no puedes hacer nada y es un asunto peligroso.*

–¡Olvidado! –dice Martí con humor–. ¿A quién le interesa Nicanor Sánchez?

Se acuesta y enseguida se queda dormido.

* * *

De repente, entre sueños, Martí cree oír un ruido. Se despierta. Es el teléfono. Se levanta con los ojos medio cerrados y lo coge.

–¿Sí?

–¿Martí? –contesta Arquerons.

–Sí, ¿qué pasa?

–Te llamo desde la comisaría. ¿Has estado investigando[10] más sobre la muerte de Nicanor Sánchez?

–Ya he oído tu llamada en el contestador automático. No te preocupes, ese asunto se ha acabado para mí.

–Bien, pero es que hay algo más... Hemos encontrado a la secretaria de esa empresa, «Multiplastia», muerta.

–¿Muerta? –dice Martí casi sin poder hablar.

–Sí, asesinada, en su casa. Los vecinos nos avisaron hace una hora. Dicen que oyeron mucho ruido y luego unos disparos[37].

–¡Dios mío! ¡No puede ser! Yo he estado con ella esta noche; yo mismo la dejé en el portal.

–Pero ¿qué estás diciendo? Entonces estás en peligro. Si te han visto con ella... pueden intentar matarte a ti también.

Martí no puede contestar.

–Escúchame –le dice el inspector Arquerons–. No te muevas de tu casa. Ahora mismo te mando a un policía y te vienes con él a la comisaría. Me parece que este es el lugar más seguro para ti.

–Sí... –dice Martí.

XV

En su despacho de la comisaría de la Vía Laietana, Arquerons mira a Vanesa preocupado.

—¿Qué pasa? —le pregunta ella.

—Martí ha pasado la noche con la secretaria de «Multiplastia»...

—¿Vas a mandar a alguien a recogerlo a su casa?

—Ahora mismo.

—Sí, es lo mejor. Mientras, yo voy a hablar con Gasull. No podemos esperar más. Tenemos que hacer algo.

Arquerons sale enseguida y Vanesa, unos segundos después. La chica va por un pasillo y luego sube unas escaleras hasta llegar al segundo piso. La puerta del despacho del comisario[21] Gasull está abierta.

—Señor comisario, ¿puedo pasar? —pregunta Vanesa.

—Pasa. Siéntate. ¿Ya sabéis quién mató a esa joven de la calle Avinyó?

—Estamos casi seguros. Un vecino ha visto salir del edificio a dos hombres poco después de oír los disparos. Por lo que nos ha contado, no hay duda: uno de ellos era García.

—¿Y el otro? —pregunta el comisario mientras apaga su cigarrillo.

—Creemos que era González.

—Además —dice Arquerons, que ha entrado en ese momento en el despacho—, también está la información que nos dio *el Pelao*...

—No podemos esperar más —decide Vanesa—. Ya es hora de hacer una visita a García, ¿no?

—Sí. Llevaos dos hombres, pero tened mucho cuidado. Son muy peligrosos.

* * *

Media hora después, Arquerons y Vanesa, con otros dos policías, llaman a la puerta de la casa de García.

—¡Policía! —le dice Arquerons, cuando García abre medio dormido—. Vístete y ven con nosotros a la comisaría.

—Pero...

—¡Rápido! Nos tienes que explicar algunas cosas: por ejemplo, ¿qué has hecho esta noche?

—Yo no he hecho nada —contesta García.

—Claro, hombre, seguro que has estado durmiendo tranquilamente —dice Vanesa—. Y a tu amigo González hace mucho que no lo ves, ¿verdad? Venga, rápido. Ponte algo encima y vámonos.

XVI

MARTÍ se viste deprisa. Tiene que esperar en su casa al policía que le manda Arquerons. Pero está demasiado nervioso. Por fin decide ir a la comisaría él solo, sin esperar más. Baja a la calle y empieza a andar hacia la Vía Laietana. A esa hora la ciudad está dormida. Martí solo se cruza con algún coche que pasa rápido por la calle vacía.

Cerca de la comisaría, ve un taxi. Y sin saber muy bien por qué, Martí levanta la mano y lo llama.

–A la calle Ample, por favor.

No sabe si lo hace por Clara o por él mismo, pero quiere volver al almacén de «Multiplastia». Allí estuvo con la chica, en esa terraza, bajo el oscuro cielo de Barcelona. Y allí estaban esas extrañas cajas con los tanques.

Cerca de la calle Ample, baja del taxi. Martí tiene miedo, pero no importa. El portal está abierto, pero no la puerta de dentro. Saca unas llaves del bolsillo. Con la primera no puede abrir, tampoco con la segunda. Por fin, con la tercera tiene suerte. Martí siempre lleva esas llaves encima. Son cosas de su trabajo de detective.

Pasa dentro y baja lentamente al almacén. Ahora está vacío: no hay cajas, ni tanques de plástico, ni nada.

Martí sale de nuevo a la calle. Arquerons le ha dicho que el lugar más seguro para él es la comisaría. Pero a él le da igual, y sin darse cuenta, empieza a andar hacia el puerto. Piensa en Clara. Solo en Clara y en esas extrañas cajas que había en el almacén.

Cuando llega al puerto, se sienta en las escaleras. Delante de él, lejos, están los barcos con sus luces encendidas, y a sus pies, el agua oscura se mueve suavemente. Es el mismo mar, el mar que tanto le gustaba a Clara. Pero Clara está muerta... muerta. ¿Por qué? La respuesta no llega a su cabeza, porque le da miedo saber. Es demasiado, demasiado para él. Porque, si Clara sabía lo que había en ese almacén..., si sabía que allí guardaban esos tanques, entonces, él tiene la culpa[38] de todo.

Martí piensa entonces en las palabras de Clara: «no sé si nos vamos a ver otra vez»; «acuérdate de todo lo que ha pasado esta noche». Martí se ha levantado y empieza ahora a andar de un lado para otro. Habla solo en la noche.

–¡Dios mío! Estos hombres la han matado por mí. Ella me llevó a ese almacén para enseñarme los tanques... La han matado por mi culpa... –llora y grita a la vez–, porque me metí en su vida. Por sentirme alguien. Yo la quería y yo la maté. ¡Oh, Clara, por favor, perdóname, perdóname!

XVII

ARQUERONS está en su despacho. La noche ha sido muy larga y tiene ganas de ir a su casa para descansar por fin. Llama otra vez por teléfono a Martí, pero no contesta nadie. Es la tercera vez que lo intenta y nada. No sabe dónde puede estar su amigo. El policía que fue a buscarlo volvió sin él: dijo que no había nadie en la casa. Quizás Martí tuvo miedo y está escondido en algún lugar.

Arquerons deja unas palabras en el contestador automático: *Martí, todo está bien. El peligro ha pasado. Hemos cogido a los asesinos de esa chica..., Clara. Llámame.*

Vanesa entra y se sienta.

—¡Qué noche! —dice cansada.

—Desde luego. Y ese González, ¿lo ha contado todo? —pregunta Arquerons.

—Sí. Es un asunto muy gordo, demasiado importante para unos pobres policías de barrio como nosotros.

—Entonces, García, González y los otros, ¿son todos espías?

—Sí, son de una Organización, la RAO, que trabaja para un país árabe desde varias ciudades de Europa, Barcelona entre otras. Se esconden detrás de una empresa de plásticos, Multi...

—«Multiplastia.»

—Sí. El jefe se llama Quintana. Y debajo de él estaban González y García, que hacían los trabajos sucios; y la mujer del cliente de Martí; Clara, y algunas personas más...

—*El jefe se llama Quintana. Y debajo de él estaban González y García, que hacían los trabajos sucios; y la mujer del cliente de Martí; Clara, y algunas personas más...*

—¿Y Nicanor Sánchez? —pregunta Arquerons.

—Bueno, ese no era de la Organización, pero a veces les hacía alguna cosa.

—Has dicho que Clara también estaba dentro, ¿verdad?

—Sí, era la hija de un jefe importante. Un hombre que creía estar haciendo algo bueno. Cuando murió, Clara empezó a trabajar para la RAO. Ella se ocupaba de quedar con los árabes en iglesias y otros lugares parecidos para darles información. Pero lo que Clara no supo nunca es que a su padre lo asesinó un hombre de la RAO, uno de los suyos.

—Ya entiendo.

—Hace un mes, Nicanor Sánchez habló con un espía de Israel. Quería venderle una importante información y quedaron en encontrarse en Barcelona. Era el médico israelí.

—El hombre del aeropuerto...

—La gente de la RAO lo supo. Nicanor los estaba traicionando[27] y decidieron asesinarlo. González hizo el trabajo. Margarita, la mujer del cliente de Martí, quedó con Nicanor en el «Café de la Ópera». Y cuando el hombre salió del café, allí estaba González esperando para matarlo.

—¿Pero el marido de Margarita sabía algo? —pregunta Arquerons.

—¿Ese? Nada. Su mujer no le dijo nunca que trabajaba para una organización árabe. La verdad es que no le decía casi nada de su vida. Ella entraba, salía, viajaba, recibía llamadas...; y claro, el pobre hombre empezó a pensar que su mujer lo engañaba.

—Por eso fue a la agencia de detectives «Peláez».

—Claro.

—¿Y la RAO sabía que Martí estaba siguiendo a esa mujer?

—Sí —contesta Vanesa—, porque preguntó por ella en la oficina del puerto. Y, además, el señor Barrios le contó a su mujer que un detective la seguía. Entonces llamaron a Peláez, el jefe de Martí, para parar la investigación. Pensaban que así todo iba a acabar. Pero Martí estaba demasiado interesado para dejar las cosas así. González se dio cuenta y quiso usar a Clara para hacerle hablar. Pero la chica estaba ya cansada de la Organización. Quería escapar y salir de Barcelona esta misma noche.

—Por eso encontramos sus maletas preparadas.

—Sí –dice Vanesa–. Pero no le dio tiempo a marcharse. González y García fueron a su casa por la noche y la mataron.

—Pero ¿por qué matarla? ¿Porque quería irse? –pregunta Arquerons.

—Por eso y porque ella antes los había traicionado: González dice que estuvo demasiado simpática con tu amigo.

—¡Martí! ¿Le contó algo a Martí?

—Es posible –contesta Vanesa–. El comisario Gasull quiere hablar con él.

—Sí, yo también. Espero encontrarlo pronto. Pero todavía falta una parte de la historia: ¿cuál era la información que quería vender Nicanor a Israel?

—No lo sabemos. González no quiere decir nada. Habla de unos tanques de plástico que vendieron a Irak para la guerra[39]. Para engañar con ellos al enemigo[40]. ¿Qué te parece? Se cree que somos tontos. Pero estoy seguro de que, al final, va a decir la verdad.

—Sí, Vanesa, pero no nos lo va a contar a nosotros. Este asunto es de política internacional y tú y yo quedamos fuera.

—Sí. Siempre la misma historia: cada vez que hay un trabajo importante, termina en manos de otros. La verdad es que no estamos mucho mejor que Martí. Es una pena.

XVIII

MARTÍ se ha quedado dormido en las escaleras del puerto.
Cuando abre los ojos, ve la luz suave sobre el agua. Un sol rojo y
grande está empezando a salir detrás del mar.

Un barco pintado de verde y blanco, con unas palabras escritas
en árabe, se mueve lentamente entre los otros barcos. Está saliendo
del puerto, camino de Irak. Dentro lleva muchas cajas, y, en ellas,
tanques de plástico.

Martí se levanta. Tiene frío. Se mete las manos en los bolsillos y
empieza a andar despacio. Mira hacia la ciudad. Y otra vez, en pocas
horas, Barcelona le parece diferente.

ACTIVIDADES

Antes de la lectura

1. Antes de empezar la lectura de *Asesinato en el Barrio Gótico*, vas a descubrir las características esenciales de la novela, lo cual te ayudará posteriormente a comprender mejor la historia.

   Fíjate en el título, ojea las ilustraciones que hay a lo largo de la novela y responde a estas preguntas.

   ¿Cuál crees que es el tema principal de la historia?

   a. Un crimen en una ciudad.

   b. Un asesinato en alta mar.

   c. Unas vacaciones en España.

   ¿En qué lugar de España pasa la historia?

   d. En el sur de España.

   e. En el noreste de España.

   f. En las islas Baleares.

   ¿En qué tiempo y persona se escribe la historia?

   g. En presente y en tercera persona.

   h. En pasado y en primera persona.

   i. En presente y en tercera persona.

2. Lee la parte titulada «Advertencia» e indica si los siguientes enunciados son verdaderos o falsos.

	V	F
a. La historia *Asesinato en el Barrio Gótico* ocurre en la capital de España.		
b. En Cataluña hay dos lenguas oficiales: el catalán y el castellano.		
c. Liceu, Moll de la Fusta, Montjuïc, etc., son nombres catalanes que se han traducido al castellano.		
d. El protagonista de la historia tiene nombre catalán.		

3. ¿A qué género crees que pertenece la novela *Asesinato en el Barrio Gótico*? Y tú, ¿qué tipo de novelas prefieres?

   a. Novela rosa: relato en el que se explica la historia de amor de dos personas.

   b. Novela negra: relato en el que se cuenta un enigma, generalmente sobre un crimen.

   c. Novela histórica: relato en el que se explica un hecho histórico real, pero en el que pueden participar personajes reales o ficticios.

4. Mira el plano de la página 4 y la primera página del capítulo I. ¿Puedes encontrar la siguiente información?

   a. El chico protagonista: _____

   b. Dos grandes calles de Barcelona: _____

   c. Tres monumentos de Barcelona: _____

5. Observa el mapa de la página 4 durante un minuto. Después, cierra el libro y escribe los nombres que faltan en su lugar correspondiente.

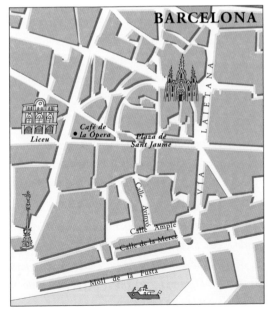

Barrio Gótico

Puerto

Monumento a Colón

La Rambla

Catedral

Paseo de Colón

Durante la lectura

Capítulo I

6. ① Antes de leer este primer capítulo, escúchalo y después ordena las palabras de cada oración, según la historia.

   a. siguiendo - Martí - a - una - mujer - está - Rambla - en - la

   _____

   b. mujer - fotos - cámara - Martí - hace - esa - una - a - pequeña - con

   _____

   c. mujer - entra - la - en - bar - y - un - Martí - también

   _____

7. Ahora, lee el capítulo y comprueba si has acertado.

8. Completa el texto con el verbo adecuado, conjugado en la forma perifrástica «estar 1 gerundio».

   a. La mujer _____ con un hombre calvo.

   b. La mujer _____ un cigarrillo.

   c. Martí _____ las noticias del periódico.

   d. Martí _____ por teléfono cuando la mujer sale del bar.

Capítulo II

9. ② Antes de leer el capítulo, escúchalo y después lee este pequeño resumen. Cuatro palabras del resumen están en el lugar equivocado. ¿Puedes encontrar esas palabras y colocarlas en el lugar que les corresponde?

Martí sigue a la mujer moreno. Esta sale en una oficina, donde hay un letrero que dice MULTIPLASTIA, PLÁSTICOS. La mujer entra de la oficina con un señor rubia, muy delgado y con bigote. Martí los sigue. La pareja va al puerto y sube a una barca. Martí sube con ellos y les hace unas fotos. Cuando la barca para en uno de los muelles, la pareja se levanta y se va. Martí no puede hacer lo mismo. Él regresa a la ciudad en la barca.

10. Ahora, lee el capítulo y comprueba si has acertado.

11. A lo largo de esta parte de la historia, Martí pasa por distintos estados de ánimo. ¿Sabrías explicar por qué?

 a. Martí se siente cansado y aburrido porque…

 b. Martí está sorprendido cuando la barca para en el muelle porque…

 c. Martí está preocupado porque…

Capítulo III

12. (3) Antes de leer este capítulo, escúchalo e intenta responder a las preguntas.

 a. ¿Quién es el personaje principal en este capítulo?

 b. ¿Dónde está?

 c. ¿Qué hace ahí?

 d. ¿Qué oye en la tele?

 e. ¿Cómo reacciona?

13. Ahora, lee el capítulo y corrige tus notas.

14. Escoge la información correspondiente a cada uno de los personajes que se explica en esta parte de la novela.

 La señora de Barrios…

 a. ha contratado a un detective.

 b. estaba con un hombre calvo que poco después estará muerto.

 El señor Barrios…

 c. ha contratado a un detective.

 d. le es infiel a su mujer.

 Nicanor Sánchez Aguado…

 e. es el señor calvo, y es el amante de la mujer de Barrios.

f. es el señor calvo, amigo de la mujer de Barrios. Ha aparecido muerto en la Plaza de Sant Jaume.

Peláez…

g. quiere que Martí deje de trabajar en el caso.

h. quiere trabajar él personalmente en el caso.

Capítulo IV

15. ④ Antes de leer el capítulo, escúchalo, y después, subraya la información que aparece en él.

a. Martí vuelve a la oficina donde entró la mujer de Barrios.

b. En la oficina habla con la mujer de Barrios.

c. La secretaria de la oficina se llama Margarita.

d. En la oficina trabaja un señor que se llama González.

e. Martí dice a la secretaria que él es detective.

16. Ahora, lee el capítulo y comprueba si has acertado.

17. Ordena los sucesos por orden cronológico, según la lectura. Pero, cuidado, uno de esos sucesos no corresponde a la historia.

☐ a. Allí habla con el señor González.

☐ b. Martí llega a la empresa «Multiplastia».

☐ c. Antes de salir de la oficina, pregunta a la secretaria a qué hora sale.

☐ d. Martí toma un café antes de ir a la empresa «Multiplastia».

☐ e. Pero el señor González no es la persona que Martí quería encontrar.

☐ f. Finalmente, Martí se va.

Capítulo V

18. Después de leer este capítulo, escribe un pequeño resumen empleando las palabras del cuadro.

Personajes

Señor González
Señor Quintana
Martí
Nicanor

Acciones

Preocuparse
Llamar por teléfono
No querer problemas

_____

_____

_____

_____

_____

_____

19. Antes de continuar, reflexiona unos momentos sobre todo lo que has leído.

a. ¿Quién puede ser el asesino de Nicanor?

b. ¿Crees que los empleados de la empresa «Multiplastia» son culpables de su muerte?

c. ¿Crees que el señor González está tranquilo o nervioso con la visita de Martí?

d. ¿El caso que investiga Martí es de infidelidad matrimonial?

Capítulo VI

20. ⑤ Antes de leer este capítulo, escúchalo. Después, subraya las cuatro palabras del resumen que no existen y sustitúyelas por las palabras adecuadas.

Martí sutela las fotos en su casa. En ellas, ve a la señora de Barrios con Nicanor, en el bar. Después ve al señor González en la calle, cerca de ese bar. Martí recuerda que también vio al señor González en una foto en el tiredilo: en ella, ese señor está cerca del paruseo israelí Isaac Jordan. Entonces, Martí decide lamibar al inspector Arquerons.

21. Ahora, lee el capítulo y comprueba si has acertado.

22. ¿Por qué dice Martí las siguientes expresiones?

    a. ¡Ya decía yo…! _____

    b. ¡Ya está! _____

    c. ¡Sí! ¡Eso es! _____

Capítulo VII

23. **(6)** Antes de escuchar y leer esta parte de la novela, pon atención a la siguiente información. Después, escucha el capítulo y escribe las preguntas correspondientes a las respuestas.

    a. *Pregunta:* _____

    Respuesta: Las seis y cincuenta y cinco de la tarde.

    b. *Pregunta:* _____

    Respuesta: Una foto tomada en el puerto.

    c. *Pregunta:* _____

    Respuesta: Si quiere cenar con ella.

    d. *Pregunta:* _____

    Respuesta: Que no puede, porque tiene otra cosa que hacer.

24. Ahora, lee el capítulo y comprueba si has acertado.

25. Completa las oraciones según lo que ocurre en la segunda parte del capítulo. Guíate por el significado de la preposición de lugar en cada caso.

    a. _____ en una iglesia.

    b. _____ en un banco.

    c. _____ en la iglesia.

    d. _____ por la calle de la Mercè.

    e. _____ delante de unas palabras escritas en latín en una pared.

    f. _____ a su casa.

Capítulo VIII

26. (7) Antes de leer esta parte de la historia, escúchala y responde a las siguientes preguntas.

a. ¿Quién es Arquerons?

b. ¿Por qué quiere Martí hablar con él?

c. ¿Qué le explica Martí?

d. ¿A quién llama Arquerons para trabajar en el caso?

e. ¿Por qué quiere Martí saber la verdad?

27. Ahora, lee el capítulo y comprueba si has acertado.

28. Encuentra en la sopa de letras algunas palabras que aparecen en este capítulo (de izquierda a derecha y de arriba abajo) y que se definen a continuación.

a. Un policía con rango superior.

b. Policía particular que practica investigaciones privadas.

c. Quitarle a alguien algo para quedárselo.

d. Persona que trabaja para mantener el orden público y la seguridad de la gente.

e. Imágenes de una persona, lugar o cosa hechas con una cámara.

P	A	N	E	D	U	D	A	T
O	M	E	R	E	Z	C	T	U
L	A	S	D	T	E	R	R	O
I	N	S	P	E	C	T	O	R
C	E	N	I	C	O	L	B	O
I	N	F	O	T	O	S	A	S
A	R	R	E	I	L	I	R	I
M	O	P	E	V	I	U	A	L
C	U	H	Y	E	L	K	E	A

Capítulo IX

29. Lee el capítulo e indica si la siguiente información
    es verdadera, falsa o si no se sabe.

	V	F	No se sabe
a. Martí llama a su jefe, pero este no está.			
b. La secretaria, Loli, le explica a Martí que tiene un nuevo caso.			
c. A Martí le interesa el caso, porque es sobre un señor con problemas con su mujer.			
d. Martí descubre que las palabras escritas en la pared de la iglesia son salmos que hablan de Israel.			
e. Martí puede resolver el caso en el que está trabajando.			

30. Completa las palabras del resumen de la segunda parte del capítulo IX.

    *Clara le dice a González que Martí la ha invitado a tomar una
    c————. González piensa que es buena idea que Clara se en-
    cuentre con él, para así intentar saber qué q———— ese chico.
    Pero el señor González está un poco p———— porque ve que
    Clara actúa de una forma extraña. Por eso, él decide ir a
    h———— con García.*

Capítulo X

31. Relaciona el sujeto, el verbo y el complemento, para construir oracio-
    nes según la narración.

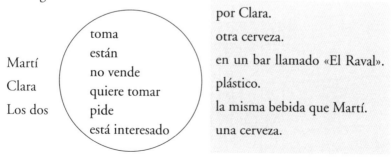

Martí
Clara
Los dos

toma
están
no vende
quiere tomar
pide
está interesado

por Clara.
otra cerveza.
en un bar llamado «El Raval».
plástico.
la misma bebida que Martí.
una cerveza.

32. Antes de continuar la lectura, reflexiona sobre lo que ha sucedido hasta ahora en la historia.

   a. ¿Crees que Clara es culpable del asesinato de Nicanor?

   b. ¿Piensas que es sincera con Martí?

   c. ¿Crees que Martí la está utilizando?

   d. ¿Cómo piensas que va a continuar la historia?

   e. ¿Serán amigos Martí y Clara?

Capítulo XI

33. (8) Antes de leer el capítulo, escúchalo y responde a las siguientes preguntas.

   a. ¿Qué descubren el detective Arquerons y Vanesa?

   b. ¿Dónde trabajaba Nicanor Sánchez?

   c. ¿Para qué sirve realmente la empresa de plásticos?

34. Ahora, lee el capítulo y comprueba si has acertado.

35. Completa las siguientes oraciones, según la historia.

   a. *El Pelao* es ⸺⸺⸺⸺⸺⸺⸺⸺

   b. *El Pelao* dice que alguien ⸺⸺⸺⸺⸺⸺

   c. Cuando *el Pelao* se va, Arquerons ⸺⸺⸺⸺⸺

36. Imagina que eres Martí y reflexiona sobre las siguientes cuestiones.

   a. Te dicen que el caso es peligroso. ¿Quieres continuar trabajando en él?

   b. Te dicen que alguien puede morir. ¿Cómo te proteges?

   c. Te dicen que la empresa de plásticos esconde algo malo. ¿Desconfías de Clara?

Capítulo XII

37. Mientras pasean por Barcelona, Martí y Clara descubren que hay varias cosas que los dos tienen en común. Escríbelas.

a. Una afición: _____

b. Un sentimiento hacia el trabajo: _____

c. Un sentimiento hacia una persona: _____

38. Escribe las respuestas a las siguientes preguntas.

a. *Pregunta:* _____

Respuesta: En el bar «El Raval».

b. *Pregunta:* _____

Respuesta: Sobre sus aficiones, su estilo de vida y su trabajo.

c. *Pregunta:* _____

Respuesta: Sí, pero no sabe si será fácil.

d. *Pregunta:* _____

Respuesta: Ver el puerto de noche desde una terraza del Paseo de Colón.

Capítulo XIII

39. (9) Antes de leer el capítulo, escúchalo y relaciona los elementos de la izquierda con la historia que les corresponde.

calle Ample	a. El tiempo que hace cuando Clara y Martí salen del bar.
cuarto de baño	b. Clara va allí un momento.
llaves	c. Clara las usa para abrir la puerta de un almacén.
está lloviendo	d. El lugar donde está el almacén.

40. Ahora, lee el capítulo y comprueba si has acertado.

41. Martí descubre algo importante en el almacén de la empresa donde trabaja Clara. Describe lo que pasa. Aquí te ofrecemos unas palabras clave y una guía para conectar la narración.

a. En el almacén…

b. En las cajas…

c. Los trozos son para…

42. ¿Por qué crees que le ha enseñado Clara ese lugar?

43. Martí y Clara están empezando a sentir que algo los une. ¿Podrías hallar tres frases que indican explícitamente ese sentimiento?

44. Relee la frase de Clara y responde a las preguntas.

Quién sabe si nos vamos a ver otra vez...

a. ¿Qué puede significar?

b. ¿Cómo reaccionarías tú en una situación así?

c. ¿Por qué crees que Clara no quiere explicar nada más?

Capítulo XIV

45. Completa las frases con la información adecuada según el texto.

a. Martí se sienta en un sillón y...

b. Martí se levanta del sillón y...

c. Martí se acuesta y...

46. En mitad de la noche, Martí oye el teléfono... Responde a las siguientes preguntas.

a. ¿Quién lo llama?

b. ¿Qué noticias tiene?

c. ¿Cómo reacciona Martí?

d. ¿Pensaste en algún momento que esto podía pasar?

47. Fíjate en las siguientes expresiones y relaciónalas con su significado.

a. ¿A quién interesa...?   Incredulidad.

b. ¡Dios mío!   Sorpresa ante lo que afirma una persona.

c. ¡No puede ser!   Sorpresa.

d. Pero ¿qué estás diciendo? Falta de interés.

Capítulo XV

48. ⑩ Antes de leer el capítulo, escúchalo. ¿Cuáles serían las cuatro preguntas principales de este capítulo?

a. ¿————————————————?

b. ¿————————————————?

c. ¿————————————————?

d. ¿————————————————?

49. Ahora, compáralas con las preguntas que te ofrecemos aquí. ¿Coinciden con las que tú habías pensado?

a. ¿Con quién habla Vanesa en la comisaría?

b. ¿Quiénes son los dos sospechosos del asesinato de Clara?

c. ¿Dónde van Arquerons y Vanesa?

d. ¿Cómo reacciona García cuando llegan a su casa?

50. Ahora, lee el capítulo y responde a las preguntas de la actividad 46.

51. Antes de continuar, piensa en lo que has leído hasta ahora y responde a las preguntas.

a. ¿Por qué crees que García y González mataron a Clara?

b. ¿Qué pasará ahora?

c. ¿Querrá Martí seguir investigando en el caso?

d. ¿Pondrá su vida en peligro?

Capítulo XVI

52. Martí camina solo, en mitad de la noche, y se dirige al almacén de la empresa «Multiplastia».

¿Cómo llega al almacén?

a. Andando.

b. En taxi.

c. En el coche del inspector.

¿Cómo abre la puerta?

d. Con una llave que él tiene y que le ayuda mucho en su profesión.

e. Con una llave que Clara le dio.

f. La puerta está abierta.

53. Varias cosas ya no son como antes. Completa las oraciones explicando el cambio que se ha dado en cada caso.

a. Martí pensaba ir a la comisaría, pero ahora…

b. A Clara le gustaba Martí, pero ahora…

c. Martí no quería trabajar más en ese caso, pero ahora…

d. El almacén estaba lleno de cajas, pero ahora…

54. Fíjate en la última frase del capítulo y responde a las preguntas.

¡Oh, Clara, perdóname, perdóname!

a. ¿Por qué dice eso Martí?

b. En su situación, ¿te sentirías así también?

Capítulo XVII

55. (11) Antes de leer el capítulo, escúchalo y responde a las preguntas.

a. ¿Dónde sucede esta parte de la historia?

b. ¿Quiénes hablan?

c. ¿De qué hablan?

56. Ahora, lee el capítulo y comprueba si has acertado.

57. En esta parte de la historia se descubre toda la verdad sobre los asesinos de Clara y de Nicanor. ¿Puedes reconstruir la historia? Te ofrecemos las palabras clave.

espías - RAO - país árabe - Multiplastia - hija - jefe importante - Nicanor - vender información - traicionar - matar

58. Reflexiona sobre las siguientes preguntas.

a. ¿Has acertado en lo que pensabas que pasaría a lo largo de la historia?

b. En una situación como la del señor Barrios, ¿pensarías que tu pareja está viendo a otra persona?

c. ¿Crees que la historia de González sobre los tanques puede ser cierta?

Capítulo XVIII

59. Escribe el sustantivo para cada adjetivo, según la historia.

verde	diferente	grande
rojo	suave	blanco

60. ¿Cuál es el final de la historia?

a. Martí resuelve el caso y el inspector Arquerons lleva los tanques de plástico a comisaría.

b. Martí piensa mucho en Clara y viaja a Irak para resolver el caso.

c. Un barco va a Irak con los tanques de plástico que estaban en el almacén de la empresa «Multiplastia».

Después de la lectura

61. Vuelve a ojear las ilustraciones de la novela y explica qué pasa en cada una. Después, compara tus respuestas con las de tu compañero.

1. _____
2. _____
3. _____

62. Ahora que has acabado la lectura de *Asesinato en el Barrio Gótico*, seguro que entiendes mejor los detalles de la historia. Responde a las preguntas.

a. Pág. 40

Martí descubre los tanques en el almacén de la empresa de plásticos. ¿Realmente los encuentra por casualidad o Clara quiere mostrárselos? ¿Cuál es el destino de esos tanques?

b. Pág. 41

Clara le dice a Martí: «Quién sabe si nos vamos a ver otra vez…».

¿Por qué lo dice? ¿Qué le ocurre a Clara? ¿Ella lo sabía?

63. ¿Conoces la ciudad de Barcelona? ¿Sabrías relacionar cada una de las fotografías con la oración correspondiente? Trabaja con tu compañero.

a. Mi lugar favorito en Barcelona es la Casa Batlló. Es una casa preciosa, de estilo modernista.

b. Me encanta pasear por la Rambla los domingos por la mañana.

c. En la escalinata del Parc Güell hicimos muchas fotos.

d. Me impresionó mucho el templo de la Sagrada Familia, de Antoni Gaudí.

64. ¿Qué has aprendido a lo largo de la lectura de *Asesinato en el Barrio Gótico*? A continuación te presentamos una ficha para que te evalúes como lector y estudiante de español, y seas más consciente de tu propia actuación y progreso.

	Siempre	Casi siempre	Casi nunca	Nunca
Me he documentado sobre las características principales de la novela, para estar más preparado para realizar su lectura.				
Para comprender mejor el texto he usado diccionarios, gramáticas y otros materiales.				
Si no entendía una palabra, he intentado deducir su significado según el contexto.				
He anotado el vocabulario nuevo para poder recuperarlo si era necesario.				
Si me perdía en algún punto de la lectura, hacía una rápida revisión para situarme antes de continuar.				
Cuando lo he necesitado, he pedido ayuda a mi profesor, compañeros o a otras personas que pueden responder a mis dudas y preguntas.				

65. ¿Qué conocimientos has adquirido a lo largo de la lectura? Compara tus respuestas con las de tu compañero.

Vocabulario: ——————————————————

Gramática: ——————————————————

Lugares geográficos: ——————————————

SOLUCIONES

1. a/e/i.

2. a. F; b. V; c. F; d. V.

3. b.

4. a. Martí. b. La Rambla, la Vía Laietana o el Paseo de Colón. c. Liceu, Catedral y Monumento a Colón.

5. (ver plano de página 4)

6. a. Martí está siguiendo a una mujer en la Rambla. b. Martí hace fotos a esa mujer con una pequeña cámara. c. La mujer entra en un bar y Martí también.

8. a. está hablando. b. está fumando. c. está leyendo. d. está hablando.

9. Martí sigue a la mujer **rubia**. Esta **entra** en una oficina, donde hay un letrero que dice MULTIPLASTIA, PLÁSTICOS. La mujer **sale** de la oficina con un señor **moreno**, muy delgado y con bigote. Martí los sigue. La pareja va al puerto y sube a una barca. Martí sube con ellos y les hace unas fotos. Cuando la barca para en uno de los muelles, la pareja se levanta y se va. Martí no puede hacer lo mismo. Él regresa a la ciudad en la barca.

11. a. porque siempre hace el mismo tipo de trabajo. b. porque esa no es una parada frecuente. c. porque piensa que ha hecho mal su trabajo.

12. a. Martí. b. En un bar. c. Está comiendo y viendo la tele. d. La noticia de la muerte del señor Nicanor. e. Se sorprende porque Nicanor es el señor que él ha visto con la señora de Barrios.

14. b/c/f/g.

15. a y d.

17. 1. b; 2. a; 3. e; 4. c; 5. f.

18. El señor González se preocupa porque Martí se interesa por el señor Nicanor. Por eso, llama por teléfono al señor Quintana. El señor Quintana le dice que lo solucione, porque no quiere problemas.

20. sutela → revela; tiredilo → periódico; paruseo → médico; lamibar → llamar

22. a. Porque él sabía que algo pasaba. b. Porque, de repente, ha recordado algo. c. Porque sabe que lo que él piensa es verdad.

23. a. ¿Qué hora es? b. ¿Qué enseña Martí a Clara? c. ¿Qué le pregunta Martí a Clara? d. ¿Qué responde Clara?

25. a. Clara entra en una iglesia. b. Clara está sentada en un banco. c. Un hombre entra en la iglesia. d. El hombre anda por la calle de la Mercè. e. Clara se para delante de unas palabras escritas en latín en una pared. f. Clara va a su casa.

26. a. Un inspector que Martí conoce. b. Para hablarle del caso en el que trabaja. c. La historia sobre el asesinato del señor Nicanor. d. A Vanesa. e. Porque piensa que es un caso importante.

28. a. inspector. b. detective. c. robar. d. policía. d. fotos.

29. a. V; b. V; c. F; d. V; e. No se sabe.

30. cerveza/quiere/preocupado/hablar.

31. Martí toma una cerveza. Clara pide la misma bebida que Martí. Martí no vende plástico. Martí quiere tomar otra cerveza. Martí está interesado por Clara. Los dos están en un bar llamado «El Raval».

33. a. Que el caso de Martí es importante y está relacionado con política internacional. b. En una empresa árabe. c. Para esconder otros asuntos.

35. a. *El Pelao* es un viejo conocido de la comisaría. b. *El Pelao* dice que alguien va a morir. c. Cuando *el Pelao* se va, Arquerons llama a Martí por teléfono.

37. a. Pasear por las calles de Barcelona. b. Cansancio. c. Interés y atracción.

38. a. ¿Dónde están Martí y Clara? b. ¿Sobre qué temas hablan? c. ¿Clara quiere dejar el trabajo? d. ¿Qué quiere hacer Clara esa noche?

39. a. está lloviendo; b. cuarto de baño; c. llaves; d. calle Ample.

41. a. En el almacén hay unas cajas muy grandes. b. En las cajas hay trozos de plástico. c. Los trozos son para construir tanques de plástico.

42. Clara le ha enseñado ese lugar para que Martí descubra la verdad sobre la empresa.

43. *Martí coge a la chica del brazo y le da un beso. Clara coge de la mano a Martí. Hoy quiero estar aquí, contigo... Se dan un beso. Martí se siente feliz. Están allí, los dos juntos, y eso es lo único que importa. Clara le contesta con un beso.*

45. a. Martí se sienta en un sillón y empieza a pensar en Clara. b. Martí se levanta del sillón y pasa por delante del contestador. c. Martí se acuesta y se queda dormido.

46. a. Arquerons. b. Ha muerto Clara. c. Está sorprendido y casi no puede hablar.

47. a. Falta de interés. b. Sorpresa. c. Incredulidad. d. Sorpresa ante lo que afirma una persona.

52. a/d.

53. a. Martí pensaba ir a la comisaría, pero ahora quiere entrar en el almacén. b. A Clara le gustaba Martí, pero ahora todo ha acabado, porque está muerta. c. Martí no quería trabajar más en ese caso, pero ahora quiere saber la verdad. d. El almacén estaba lleno de cajas, pero ahora está vacío.

54. a. Porque se siente culpable de su muerte.

55. a. En la comisaría. b. El inspector Arquerons y Vanesa. c. Del caso que estaba investigando Martí.

57. Los trabajadores de Multiplastia son espías de una organización, la RAO, que trabaja para un país árabe desde varias ciudades de Europa. El jefe es el señor Quintana. Clara era la hija de un hombre importante que también trabajaba en esa organización, porque creía que hacía algo bueno. Pero un hombre de la RAO lo asesinó. Nicanor Sánchez habló con un espía de Israel para venderle información de esa organización. La gente de la RAO descubrió que los estaba traicionando y por eso lo mataron.

59. barco verde; sol rojo; Barcelona diferente; luz suave; sol grande; barco blanco.

60. Un barco va a Irak con los tanques de plástico que estaban en el almacén de la empresa Multiplastia.

61. 1. Martí está comiendo en un bar y oye una noticia en la tele: el señor Nicanor ha aparecido muerto en la Plaza de Sant Jaume. Martí está sorprendido. 2. El señor González y la secretaria Clara hablan sobre la llamada de teléfono de Martí. González quiere que Clara hable con Martí, para descubrir qué quiere ese chico. 3. El inspector Arquerons y Vanesa hablan sobre el caso en el que trabajaba Martí: la empresa Multiplastia escondía algo más, relacionado con política internacional.

62. a. Clara quiere mostrárselos. El destino de los tanques es Irak. b. Lo dice porque piensa que quizás la matarán o porque piensa dejar la Organización y desaparecer un tiempo.

63. a. Parc Güell; b. Casa Batlló; c. Sagrada Familia; d. La Rambla.

NOTAS

Estas notas proponen equivalencias o explicaciones que no pretenden agotar el significado de las palabras o expresiones siguientes, sino aclararlas en el contexto de *Asesinato en el Barrio Gótico*.

m.: masculino, *f.:* femenino, *inf.:* infinitivo.

Asesinato en el Barrio Gótico: un **asesinato** *(m.)* es la acción y el resultado de asesinar, es decir, de matar a alguien voluntariamente. El **Barrio Gótico** *(m.)* es la parte vieja de Barcelona, donde se encuentra la catedral.

[1] **la Rambla** *f.:* la calle más famosa de Barcelona, que va desde el centro de la ciudad hasta el puerto.

[2] **Liceu** *m.:* Liceo, en catalán. Es el teatro de la ópera de Barcelona.

[3] **encendedor** *m.:* aparato que sirve para encender un cigarrillo.

[4] **cámara fotográfica** *f.:* aparato que sirve para hacer fotografías.

[5] **Café de la Ópera** *m.:* famoso bar de Barcelona que se encuentra enfrente del **Liceu** (ver nota 2). Allí van muchos intelectuales, estudiantes, turistas, etc.

[6] **barra** *f.:* en un bar, especie de mesa alta, larga y estrecha donde los clientes pueden tomar sus bebidas o comidas de pie o sentados en sillas altas.

[7] **embargo económico** *m.:* hecho de prohibir a uno o más países comprar o vender a otro(s).

[8] **guerra** *(f.)* **del Golfo: guerra** es el hecho de buscar dos o más países una solución a sus problemas con las armas. La **guerra del Golfo** (Pérsico), conflicto diplomático y luego militar que enfrentó, en el Golfo Pérsico, a Irak (dirigido por Saddam Hussein), después de su invasión de Kuwait en agosto de 1990, con un conjunto de treinta países árabes y occidentales. Estos países, con Estados Unidos a la cabeza, consiguieron con dos meses de lucha armada (enero y febrero de 1991) la victoria sobre Irak.

[9] **engaña** (*inf.*: **engañar**): aquí, tiene relaciones sexuales con un hombre que no es su marido. Más adelante y en general, dice mentiras, hace creer como verdad algo que no lo es.

[10] **investigación** *f.*: acción de **investigar**, es decir, de hacer todo lo necesario (estudiar, buscar, preguntar, etc.) para encontrar información sobre algo o alguien.

[11] **agencia** (*f.*) **de detectives** *m.*: oficina o empresa donde trabajan personas que **investigan** (ver nota 10) asuntos para clientes.

[12] **letrero** *m.*: palabras o conjunto de palabras que se colocan en un sitio para dar una información, como los nombres de las calles o tiendas, de las estaciones de metro o paradas de autobús, por ejemplo.

[13] **plásticos** *m.*: materiales que se obtienen del petróleo. Por ser resistentes, poco pesados y baratos, se emplean en la fabricación de muchos objetos.

[14] **barca** *f.*: barco pequeño.

[15] **muelles** *m.*: lugares en los puertos donde las personas o cosas se pueden subir a los barcos o bajar de ellos.

[16] **árabe** *m.*: aquí, lengua hablada en Arabia y en otros lugares de alrededor del mar Mediterráneo (países musulmanes). Más adelante, persona que es de uno de estos lugares.

[17] **locutor** *m.*: persona que habla por la radio o la televisión para dar noticias, presentar un programa, etc.

[18] **revelar**: tratar una película fotográfica para poder ver las imágenes.

[19] **inspector** *m.*: policía que se ocupa de una **investigación** (ver nota 10).

[20] **latín** *m.*: lengua hablada en la antigua Roma y que fue tradicionalmente usada por la Iglesia cristiana de Occidente.

[21] **comisaría** *f.*: oficina de policía y en particular del **comisario** (*m.*) o jefe de policía.

[22] **despacho** *m.*: en una oficina, habitación donde trabajan una o varias personas.

[23] **relacionada**: que está unida a algo o alguien por alguna circunstancia.

[24] **industria** *f.*: actividad que transforma las materias primas en productos útiles.

[25] **salmos** *m.*: en las religiones judía (del pueblo de Israel) y cristiana, cantos o poemas escritos para Dios. David, rey de Israel, escribió los **Salmos** que dan nombre a uno de los libros de la Biblia.

[26] **guía de teléfonos** *f.*: libro que da el número de teléfono y la dirección de personas, empresas, etc.

[27] **traidor** *m.:* persona que **traiciona** a otra, es decir, que la **engaña** (ver nota 9): le hace creer que es su amiga, que tiene las mismas ideas, pero que, por detrás, trabaja contra ella.

[28] **luchó** (*inf.:* **luchar**): trabajó duramente para conseguir algo; defendió con palabras o con armas sus ideas.

[29] **dedo** *m.:* cada una de las cinco partes en que termina la mano del hombre.

[30] **cuello** *m.:* parte del cuerpo de una persona (o de un animal) que une la cabeza con el resto del cuerpo.

[31] **contestador automático** *m.:* aparato que contesta a las llamadas telefónicas de una persona cuando no está en casa.

[32] **Organización** *f.:* grupo de personas que se han organizado para **luchar** (ver nota 28) por unos mismos intereses o ideas y realizar acciones en contra de los intereses opuestos.

[33] **espía** *m.:* persona que intenta robar información sobre alguien o algo para dársela o venderla a un país extranjero o a alguna(s) persona(s) interesada(s).

[34] **almacén** *m.:* lugar donde se guardan cosas que se van a vender.

[35] **cajas** *f.:* objetos que sirven para guardar o transportar cosas.

[36] **tanques** *m.:* vehículos grandes de guerra.

[37] **disparos** *m.:* ruidos que hacen las armas de fuego (pistolas, por ejemplo) cuando alguien las hace funcionar.

[38] **culpa** *f.:* responsabilidad que tiene una persona por ser la causa de algo malo que ha ocurrido: por haber hecho algo malo, haberse equivocado, etc.

[39] **unos tanques de plástico que vendieron a Irak para la guerra:** en enero de 1991 algunos periódicos dieron la noticia de que Irak había utilizado **tanques** (ver nota 36) que parecían de verdad, pero que no lo eran, para **engañar** (ver nota 9) a los aviones de los Estados Unidos y otros países y hacerles creer que tenía más armas de las que pensaban.

[40] **enemigo** *m.:* en este caso, los Estados Unidos y los países que estaban con ellos contra Irak.

Títulos ya publicados de esta Colección

Nivel 1

¡Adiós, papá! Óscar Tosal
El misterio de la llave. Elena Moreno
La sombra de un fotógrafo. Rosana Acquaroni
Soñar un crimen. Rosana Acquaroni
Una mano en la arena. Fernando Uría
Mala suerte. Helena González Vela y Antonio Orejudo
El sueño de Otto. Rosana Acquaroni

Nivel 2

El hombre del bar. Jordi Surís Jordà y Rosa María Rialp
En piragua por el Sella. Victoria Ortiz
La chica de los zapatos verdes. Jordi Surís Jordà
La ciudad de los dioses. Luis María Carrero
El libro secreto de Daniel Torres. Rosana Acquaroni
Asesinato en el Barrio Gótico. Óscar Tosal
El señor de Alfoz. M.ª Luisa Rodríguez Sordo
De viaje. Alberto Buitrago
* *La corza blanca.* Gustavo Adolfo Bécquer
* *Rinconete y Cortadillo.* Miguel de Cervantes

Nivel 3

* *Don Juan Tenorio.* José Zorrilla
* *El desorden de tu nombre.* Juan José Millás
* *La Cruz del Diablo.* Gustavo Adolfo Bécquer
* *Marianela.* Benito Pérez Galdós
* *La casa de la Troya.* Alejandro Pérez Lugín
* *Lazarillo de Tormes.* Anónimo
El secreto de Cristóbal Colón. Luis María Carrero
Pánico en la discoteca. Fernando Uría

Nivel 4

Carnaval en Canarias. FERNANDO URÍA
* *El oro de los sueños.* JOSÉ MARÍA MERINO
* *La tierra del tiempo perdido.* JOSÉ MARÍA MERINO
* *Las lágrimas del sol.* JOSÉ MARÍA MERINO
* *La muerte y otras sorpresas.* MARIO BENEDETTI
* *Letra muerta.* JUAN JOSÉ MILLÁS
* *Sangre y arena.* VICENTE BLASCO IBÁÑEZ

Nivel 5

* *Pepita Jiménez.* JUAN VALERA
* *Aire de Mar en Gádor.* PEDRO SORELA
* *Los santos inocentes.* MIGUEL DELIBES

Nivel 6

* *Los Pazos de Ulloa.* EMILIA PARDO BAZÁN
* *La Celestina.* FERNANDO DE ROJAS
* *El Señor Presidente.* MIGUEL ÁNGEL ASTURIAS

* *Adaptaciones*